Copyright © Telma Guimarães, 2019.
Coleção É hoje! Hoje é...
Direção Presidência: Mario Ghio Júnior
Direção de Conteúdo e Operações: Wilson Troque
Gerência editorial: Cintia Sulzer
Editora: Bárbara Piloto Sincerre
Planejamento e controle de produção: Patrícia Eiras e Adjane Queiroz
Revisão: Hélia de Jesus Gonsaga (ger.), Kátia Scaff Marques (coord.), Rosângela Muricy (coord.), Ana Maria Herrera, Diego Carbone, Gabriela M. Andrade, Patrícia Travanca, Sandra Cristina Fernandez; Amanda T. Silva e Bárbara de M. Genereze (estagiárias)
Arte: Daniela Amaral (ger.), Erika Tiemi Yamauchi (coord.) e Nathalia Laia (assist.)
Ilustrações: Bill

Dados Internacionais de Catalogação na Publicação (CIP)

Guimarães, Telma
  Uma aldeia perto de casa / Telma Guimarães; ilustrações Bill. – 4. ed. – São Paulo : Atual, 2019.
  il. – (Coleção É hoje! Hoje é...)

  ISBN: 978-85-5769-186-5

  1. Literatura infantojuvenil I. Bill (ilustrador).
  II. Título. III. Série.

2019-0286   CDD-028.5

Júlia do Nascimento – Bibliotecária – CRB-8/010142

2024
ISBN 978-85-5769-186-5
CL: 811453
CAE: 660184
4ª edição
10ª impressão
Impressão e acabamento:
Vox Gráfica / OP: 248943

Todos os direitos reservados à Saraiva Educação S.A.
Avenida das Nações Unidas, 7221 – Pinheiros
05425-902 – São Paulo – SP
Tel.: 4003-3091 | atendimento@aticascipione.com.br
www.coletivoleitor.com.br

Para Lucas Souza Rosa de Castro Andrade, meu neto e companheiro de histórias que ainda escreveremos juntos. Bem-vindo ao mundo dos livros!

É hoje! Hoje é ... Dia do Índio

Telma Guimarães

Uma aldeia perto de casa

BILL
ilustração

4ª edição

Atual Editora

"Eram quase cinco milhões de indígenas em 1500 e hoje sobraram pouco mais de oitocentos mil." — A professora escreveu a frase na lousa e, antes de terminar a aula, passou uma pesquisa sobre o Dia do Índio.

Fui para casa pensando na pesquisa e na frase. À noite, eu já tinha revirado um monte de livros que tinha em casa e recortado umas fotos coloridas, quando decidi pedir ajuda ao meu pai.

— Podemos ir a um lugar próximo da nossa cidade, onde há uma aldeia guarani — meu pai sugeriu. — O que você acha? Ajudaria na sua pesquisa?

— E como! — Eu fiquei superfeliz. Puxa, nem imaginava que pertinho da nossa cidade ainda havia uma aldeia indígena. Aquela notícia tinha me surpreendido mesmo!

Saímos no sábado bem cedo. Minha mãe estava tão animada quanto a gente.

Meu pai pegou um mapa rodoviário e circulou em vermelho o lugar em que os índios moravam. Ele ainda não se acostumou a usar GPS.

Depois de errar o caminho algumas vezes, resolveu pedir orientação num posto de gasolina. Um moço explicou onde era a estradinha em que devíamos entrar para chegar à aldeia.

— Esse lugar não chega nunca! — minha irmã reclamou.

— Daqui a pouco o Dia do Índio já passou e nada de a gente encontrar essa aldeia... — eu brinquei.

— Agora estamos chegando... são setenta quilômetros até lá... não é um pulinho, certo? — meu pai explicou.

— Eu sei quando é o Dia do Índio! É 19 de abril! — Minha irmã ficou mais animada. — Aqui no Brasil tem um monte de índio. No ano passado, a minha classe teve que se vestir como eles, pintar o rosto e fazer a mesma comida que os índios comem.

A minha irmã fala cada bobagem! E índio lá veste roupa como a gente?

— Eles andam pelados, Mônica! E só se pintam quando vão guerrear ou quando é dia de festa na aldeia — eu corrigi.

— Então... a festa era no Dia do Índio e a gente tinha que se pintar com aquelas sementinhas vermelhas... lembra como foi difícil de sair depois, mãe?

Ela lembrava, sim. A semente era de um fruto chamado urucum. Minha mãe usava o pó de urucum para temperar alguns alimentos.

A Mônica começou a passar batom vermelho no rosto. Disse que queria ficar parecida com uma índia.

Meu pai finalmente avistou a placa indicativa da aldeia e estacionou um pouco mais adiante.

Descemos do carro e fomos a pé até lá.

Pensei que fosse encontrar uma fileira de ocas e índios trançando cestos de palha, mas tudo o que vi foi uma casa bem grande, de madeira, e outras, de tijolos, ao redor.

A maioria delas era coberta por telhas onduladas, dessas que têm na cidade. Tirei meu celular da mochila.

Assim que um dos moradores da aldeia se aproximou, meus pais explicaram que estávamos ali para fazer uma pesquisa escolar. Meu pai perguntou se eu poderia tirar fotos.

Não passou pela minha cabeça que aquele homem que começou a conversar com a gente fosse um índio de verdade. Ele usava calção, um colar de penas por cima da camiseta branca, tênis e um boné igualzinho ao meu. A pele era bem queimada de sol, e o cabelo preto, preso num rabo, caía lisinho nas costas. Minha irmã devia estar se sentindo uma boba pintada daquele jeito.

No começo, o índio estava meio quieto, mas, à medida que eu ia fazendo perguntas, percebi que ele foi ficando mais descontraído.

— Quantos índios existem nesta aldeia? — perguntei.

— Pouco mais de mil... e não somos "índios", mas indígenas! — ele me corrigiu.

Apesar de não ter entendido muito bem a diferença entre uma palavra e outra, continuei perguntando:
— Por que vocês não vivem em ocas?
O indígena explicou que, com a destruição da mata ao redor da aldeia, ficava muito difícil encontrar madeira e palha para a cobertura das habitações.
Eu pedi que ele explicasse melhor e ele disse:
— Casas de alvenaria também são mais seguras...
— Ele apontou para uma delas. Tirou o boné, arrumando o cabelo, e, diante do meu silêncio, completou: — Mesmo morando em uma casa de tijolos, continuo sendo indígena.
Perguntei se podia ver a casa dele de perto.
Ele concordou. Nunca pensei que numa casa indígena tivesse água, luz e, principalmente, rádio e televisão.

9

Vi também que não havia camas e que papagaios e periquitos ficavam soltos pela casa. Bem que procurei por uma gaiola, mas não achei nenhuma.

O indígena explicou que não havia ninguém em casa porque a esposa dele estava na cidade, trabalhando.

— O que ela faz? — eu perguntei.

— Cuida de duas crianças... — Ele era de poucas palavras.

— Desculpe eu fazer tantas perguntas... — procurei me justificar.

— Tudo bem. — O indígena pareceu não se incomodar. E, como se lesse os meus pensamentos, completou: — Nem todos trabalham na cidade. Alguns de nós ficam aqui, cuidando da terra. Nós plantamos, colhemos, fazemos cestos, ensinamos nossa língua para as crianças...

— Que língua vocês falam?

— Guarani — ele respondeu.

— E todos sabem falar guarani?

— As crianças aprendem primeiro o guarani, a língua materna... depois, o português.

— Elas têm escola, professor e tudo?

— Têm. Até a cartilha é na nossa língua.

Enquanto ele falava, vi algumas crianças brincando em balanços presos às árvores. Outras brincavam com uma peteca, que parecia feita de palha de milho.

— As crianças também têm brinquedos como os nossos? — Eu me aproximei delas.

— Elas gostam dos brinquedos dos brancos. Brinquedos caros... — ele respondeu. — Mas aqui as crianças fazem os próprios brinquedos. — Ele apontou para um menininho que brincava com um caminhão feito de pedaços de madeira e rodas de carretéis de linha.

Andamos mais um pouco pela aldeia, quando vi uma mulher, dentro de uma barraquinha, mostrando vassouras, arcos e flechas para os meus pais. Minha irmã, com a sua pintura de "indígena em pé de guerra", brincava ali perto com outras crianças.

— Quer ver a roça? — ele perguntou.

Claro que eu queria!

Assim que chegamos perto da roça, ele explicou que tinham derrubado algumas árvores para abrir espaço

para a plantação, mas sem remover os tocos, que cresceriam novamente. Mais abaixo, haviam plantado outras mudas.

— O indígena toma conta da natureza porque também faz parte dela — ele disse, todo sério.

— O que vocês plantam?

— Um pouco de cada coisa. Lá fica a plantação de milho. — Ele apontou, orgulhoso. — O milho tem uma importância religiosa para o nosso povo. Fazemos muita coisa com ele.

Notei que algumas mulheres preparavam algo com o milho e quis saber o que era.

— É uma bebida chamada chicha.

— O que mais vocês plantam?

— Na roça tem aipim, feijão, arroz, batata-doce, cana e um pouco de amendoim. Temos bananeiras, pés de goiaba, laranja, manga… — disse ele.

Alguns homens que carregavam lenha pararam para nos observar. O indígena que me acompanhava falou algumas palavras em guarani e eles continuaram o trabalho. Percebi que, mais de uma vez, eles o chamaram de *paí*.

— O que significa *paí*?

— Pajé... — ele não parou de andar.

Nossa! Ele era o pajé da aldeia!

— O que é aquela... — eu hesitei — casa lá no meio da aldeia? — apontei.

— É onde fazemos o *porahêi*.

— O que quer dizer?

— A nossa reza. — Ele caminhou até lá e me mostrou um *mbaraká* (chocalho de cuia) e um *takuápú* (bastão de ritmo), usados nas cerimônias religiosas.

Aquela casa enorme, no centro da aldeia, era como uma igreja para eles!

Minha professora tinha falado um pouco das danças dos indígenas. Será que eles ainda tinham o costume de dançar?

— E suas danças? — eu perguntei.

— Gostamos de dançar. O indígena não esquece seus costumes só porque mora perto da cidade grande. — Ele até chegou a sorrir. — Nossa vida não é fácil. Temos que lutar pela aldeia. — De repente, ele ficou mais sério.

— Por quê? Alguém quer que vocês saiam daqui?

— O prefeito da cidade. Ele quer meu povo bem longe. Diz que vai construir um prédio neste lugar. Mas a terra é nossa. Vamos lutar por ela. — Ele fez um gesto para que eu o seguisse.

— Vocês são os donos! O prefeito não pode tirar vocês daqui! — eu exclamei.

— O indígena tem o direito de ficar na terra e tomar conta dela — ele completou.

Eu queria saber mais coisas, mas talvez fosse melhor fazer algumas perguntas aos brancos também. Não estava gostando nem um pouco do que o prefeito da cidade queria fazer com aquela aldeia.

Caminhamos até a barraca de objetos indígenas. A Mônica estava com uma peteca de palha de milho na mão e só sossegou quando minha mãe decidiu comprá-la.

— Vocês conseguem ganhar algum dinheiro com a venda do artesanato? — eu quis saber.

Ele contou que mal conseguiam sobreviver com o dinheiro arrecadado. Também recebiam doações de igrejas e de organizações não governamentais, mas os recursos não eram suficientes. Alguns indígenas de outras aldeias costumavam mendigar no centro da cidade. Puxa, aquilo eu nunca tinha visto! Que coisa horrível!

Meus pais estavam muito quietos; não sei se para não atrapalhar a minha conversa ou porque estavam surpresos com o que viam. Será que esperavam encontrar uma aldeia em dia de festa?

Não era aquilo também o que eu esperava encontrar. Sempre que pensava em indígenas, imaginava gente quase sem roupa, com pinturas pelo corpo, cocares, penas nos colares e nas pulseiras, mulheres com crianças nos cestos, ocas, danças, fogueiras.

— Me chamo Lucas. — Eu esqueci de me apresentar. — Lucas Andrade... — Estendi a mão ao indígena. — Foi um prazer falar com o senhor.

— Meu nome é Mbaecuapara, mas pode me chamar de Pará... — Ele quase sorriu. — É um nome um pouco difícil de pronunciar.

Tiramos uma foto de Mbaecuapara (que, em guarani, significa "sábio"), das crianças que brincavam com minha irmã e da mulher da barraca de artesanato.

Agradeci ao Pará, mais uma vez, e nos despedimos... Quero voltar um dia, fazer um novo contato com ele. Poderei aprender mais coisas, com certeza.

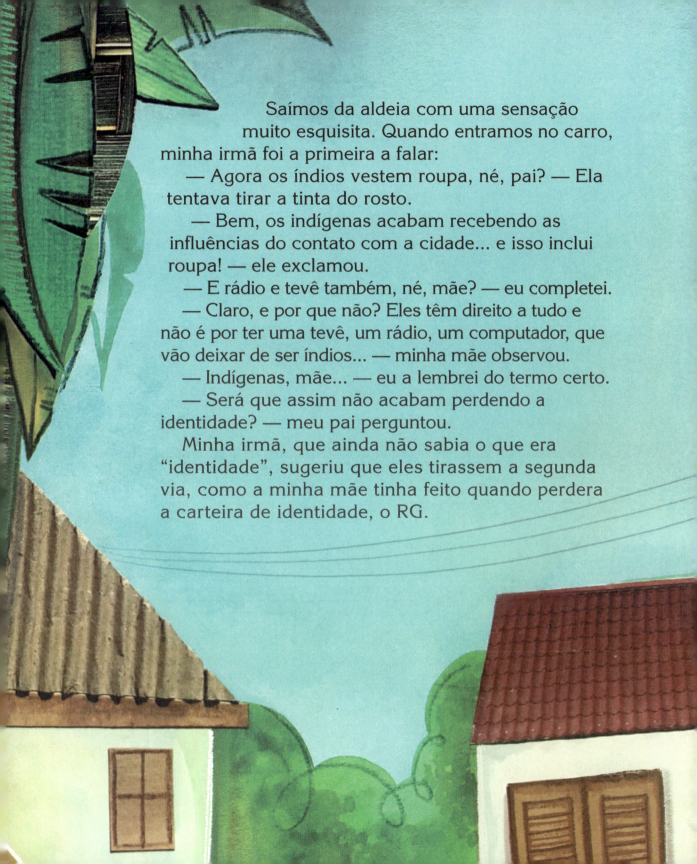

Saímos da aldeia com uma sensação muito esquisita. Quando entramos no carro, minha irmã foi a primeira a falar:

— Agora os índios vestem roupa, né, pai? — Ela tentava tirar a tinta do rosto.

— Bem, os indígenas acabam recebendo as influências do contato com a cidade... e isso inclui roupa! — ele exclamou.

— E rádio e tevê também, né, mãe? — eu completei.

— Claro, e por que não? Eles têm direito a tudo e não é por ter uma tevê, um rádio, um computador, que vão deixar de ser índios... — minha mãe observou.

— Indígenas, mãe... — eu a lembrei do termo certo.

— Será que assim não acabam perdendo a identidade? — meu pai perguntou.

Minha irmã, que ainda não sabia o que era "identidade", sugeriu que eles tirassem a segunda via, como a minha mãe tinha feito quando perdera a carteira de identidade, o RG.

— Todas as aldeias são assim, pai? — eu quis saber.
— Certamente não, filho.
— Até quando eles vão ter que lutar para conseguir ser donos da terra? Eles não chegaram antes de nós?
— Eu não me conformava com a história de o prefeito querer tirar a terra deles.

Meus pais não tiveram resposta para aquela pergunta.

Me lembrei, então, da frase que a minha professora tinha escrito na lousa, ao pedir a pesquisa sobre os indígenas:

"Eram quase quatro milhões de indígenas em 1500 e hoje sobraram pouco mais de oitocentos mil."

Só agora aquela frase começava a fazer sentido.

Telma Guimarães

Nasci em Marília, São Paulo, onde cursei Letras Vernáculas e Inglês. Logo depois de formada, ingressei como professora efetiva de Inglês na rede estadual de ensino. Mudei-me para Campinas e comecei a lecionar Inglês, disciplina que amo até hoje.

Lecionei durante muitos anos, não só em escolas da rede estadual de ensino, como também em escolas particulares.

Quando meus filhos eram pequenos, comecei a contar-lhes histórias à noite, para que dormissem. Só que ninguém dormia. Percebi que gostavam das histórias e que queriam mais. Para não me esquecer do que inventava, passei a anotar as histórias em cadernos. E, depois, a enviá-las para as editoras. Após algum tempo, publiquei o primeiro livro e não parei mais.

Recebi um prêmio da Associação Paulista de Críticos de Artes (APCA) em 1987, como melhor autora, pelo livro *Mago Bitu Fadolento*, Edições Loyola. Hoje, são mais de cento e oitenta títulos, entre infantis e juvenis, publicados em português, inglês e espanhol; além de um dicionário bilíngue e de livros didáticos.

Do jeito que você é; *Coisas de amigo*; *Que sorte!*; *Duas vezes pai*; *Bacana, de novo!*; *Querido Deus* e *O caderno de perguntas de Rebeca* são alguns de meus títulos.

É muito bom escrever. Observar, olhar em volta, descobrir pequenas coisas, detalhes da natureza, coisas bacanas, tristes... Anotar minhas observações e começar. É um desafio diário, tão gostoso! O melhor de tudo é o retorno dos leitores.

Um beijo grande, o meu carinho e boas leituras!

Telma
www.telma.com.br

Bill

Olá, pessoal, meu nome é Fábio, com acento no A, e todos me chamam pelo meu apelido: Bill, com dois LL.

Nasci em Penápolis, uma pequena e charmosa cidade do interior paulista, e hoje moro na grande e deslumbrante cidade de São Paulo.

Sou formado em Magistério e em *Design*. Gosto de dizer de coração e de mente apaixonada que sou um "Ilustrautor": um ilustrador e autor, entrelaçando os riscos e rabiscos com as palavras em um livro.

Crio histórias e desenho praticamente todos os dias; ilustrei mais de sessenta livros, muitos de literatura e alguns didáticos.

As ilustrações deste livro foram feitas com recortes de papéis coloridos e revistas. Colei alguns sonhos e folhas de sabedorias, pintei com a tinta da poesia, tinta acrílica, e contornei com a minha canetinha mágica de delicadeza.

Ótima leitura!

Abraços coloridos com a cor da esperança.

Bill